Mis ab...

por Carlos Ulloa • ilustrado por Mary Sullivan

Destreza clave Sílabas con *Yy*
Palabras de uso frecuente *con, más*

Scott Foresman
is an imprint of

PEARSON

Ella es mi abuela Yaya.
Él es mi abuelo Yeyo.

A mi abuela Yaya le gusta la yema con guayaba.
A mi abuelo Yeyo le gusta la yema con yuca.

A mi abuela Yaya le gusta su yo-yo.

A mi abuelo Yeyo le gusta más el yo-yo.

A mi abuelo Yeyo le gusta su yate.

A mi abuela Yaya le gusta ayudar.

A Yeyo le gusta ir al mar.

A Yaya le gusta ir al mar más que a Yeyo.

A Yeyo le gusta yoga.

A Yaya le gusta yoga más que a Yeyo.

A Yeyo le gusta todo más con mi abuela.

A Yaya le gusta todo más con mi abuelo.